Markus Bühler

Stoische Kraftquellen

Mach DAS und finde deine innere Stärke!

Mit Zeichnungen von
Franziska Lorenz

Mach **DAS**

mach–DAS.de

**Meinem Lieblings-Philosophen
Epiktet gewidmet.**

Und allen Menschen,
die sich um ein geglücktes Leben bemühen,
auch wenn es schwierig ist.

Inhalt

Ein Kraftbuch für herausfordernde Zeiten

I. Gelassenheit und Seelenfrieden finden

II. Innere Stärke und Belastbarkeit entwickeln

III. Entscheidungen treffen und Herausforderungen meistern

IV. Das Leben lieben lernen

Anhang: Berühmte Stoiker, die ich im Buch zitiere

Ein Kraftbuch für herausfordernde Zeiten

Die Stoiker haben mein Leben verändert

Als Familienvater und Unternehmer sind Energie und Belastbarkeit wichtige Faktoren für mich. Vor einigen Jahren war ich weder belastbar, noch hatte ich viel Energie. Ich stolperte durch die Welt und kam morgens schlecht aus dem Bett. Außerdem haben mich Dinge deprimiert, auf die ich keinen Einfluss hatte und von denen ich zum Beispiel aus der Zeitung erfahren habe.

Mein Problem war, dass ich mich schlecht abgrenzen konnte von all den Grausamkeiten und Dingen, die nicht gut laufen in unserer Welt. Meine kreisenden Gedanken haben mich viel Kraft gekostet, die mir für meine Familie und mein Unternehmen gefehlt haben.

Auf Empfehlung von Tim Ferriss, einem tollen Autor und Unternehmer, habe ich mir im Jahr 2017 das Buch "Der tägliche Stoiker" von Ryan Holiday gekauft. Von da an war ich im Bann des Stoizismus. Die Stoiker und ihre Gedanken begleiten und stärken mich seitdem täglich. Ich bin gelassener geworden und kann Herausforderungen besser meistern.
Vielen Freunden habe ich den Stoizismus empfohlen und einige haben mir erzählt, wie dieser ihnen in Krisenzeiten geholfen hat.

Zweitausend Jahre
- als wäre es gestern gewesen

Der Stoizismus entstand ca. 300 v. Chr. in Athen und hat sich über ein halbes Jahrtausend lang weiterentwickelt und gewandelt, von Griechenland nach Rom.

In den zweitausend Jahre alten stoischen Texten, denen du auch hier im Buch begegnen wirst, steckt ein Zauber. Man liest Sätze von Menschen, die vor langer Zeit gelebt haben und deren Gedanken faszinierenderweise immer noch aktuell sind.

Die Stoiker waren Meister darin, ihre Erkenntnisse so zu vermitteln, dass diese gut erinnerbar und daher im Alltag abrufbar sind. Mit eingängigen Bildern und Geschichten. Das war für mich entscheidend. Zum Beispiel fallen mir in bestimmten Situationen plötzlich die Worte von Epiktet, Seneca oder Marc Aurel ein und ich handle dann konstruktiver.

Die Wirksamkeit des Stoizismus
hat auch noch einen anderen Grund:

Die Stoiker waren eine visionäre Gemeinschaft Gleichgesinnter, mit Werten, die sie nicht nur predigten, sondern auch lebten. Sie waren wirklich überzeugt von ihrem Ziel, ein gutes und glückliches Leben zu führen. Beim Lesen stoischer Literatur habe ich das Gefühl, an dieser Gemein-schaft teilzunehmen. Das motiviert. Ich fühle mich mit den Stoikern verbunden und dadurch kann die stoische Philosophie sich noch stärker in meinem Leben entfalten.

Besonders geeignet in schwierigen Zeiten

Schauen wir uns das Leben einiger berühmter Stoiker an:

Zenon gründete den Stoizismus nach einer persönlichen wirtschaftlichen Katastrophe. Epiktet war Sklave und des-halb wurden Ohnmacht und Freiheit seine Lebensthemen. Marc Aurel hatte als Kaiser von Rom zwar unbegrenz-te Macht, aber kein einfaches Leben. Er musste täglich schwierige Entscheidungen treffen. Er hatte hohe mora-lische Ansprüche an sich selbst. Und er musste mehrere heftige Herausforderungen wie Plagen oder Putschversu-che meistern.

Der Stoizismus ist keine Sonntags-Philosophie. Er ist gnadenlos lösungsorientiert. Militärstrategen, Spitzen-sportler und Top-Unternehmer nutzen den Stoizismus als Wegweiser und Kraftquelle. Menschen, die immer wieder vor Herausforderungen stehen und dafür ein geeignetes Rüstzeug benötigen.

Und du?

Vielleicht bist du gestresst und überarbeitet. Oder du bist erfolgreich, fühlst dich aber ausgepowert und leer. Vielleicht befindest du dich in einem Rechtsstreit. Vielleicht willst du endlich mit dem Rauchen, Trinken oder einer anderen Sucht aufhören. Oder du leidest an einer Krankheit. Irgendetwas belastet dich.

Wo auch immer du gerade stehst: Die Stoiker und ihre Philosophie können dir helfen, deine Herausforderungen zu meistern und zu innerer Lockerheit und Energie zu finden.

Einfach und wirksam

Die Gedanken der Stoiker sind einfach und leicht umsetzbar. Von zeitgenössischen Philosophen wird der Stoizismus daher gerne belächelt.

Als Student habe ich mehrere Philosophie-Seminare besucht. Die Gedankengänge meiner Professoren waren komplex und tiefschürfend. Und reine Theorie. Kein einziger Gedanke aus diesen Vorlesungen hat es geschafft, mein Leben und Verhalten (positiv) zu beeinflussen.

Bei den Stoikern und ihrer Philosophie ist das ganz anders. Ihre Gedanken leuchten mir ein und ich kann sie sofort im Alltag umsetzen.

Wenn auch du die Gedanken der Stoiker liest, verinnerlichst und anwendest, dann wird das dein Leben verbessern. Daran glaube ich. Du wirst mehr innere Ruhe und Gelassenheit finden (Kapitel 1). Du wirst robuster und stärker sein (Kapitel 2). Du wirst bessere Entscheidungen treffen und deine Herausforderungen bewältigen (Kapitel 3). Und im besten Fall wirst du lernen, dein Leben zu lieben, auch in schwierigen Zeiten (Kapitel 4).

Wenn du gerade eine schwierige Zeit durchmachst, hilft dir das Buch, diese Zeit besser durchzustehen. Wenn du dich gerade in ruhigerem Fahrwasser befindest, hilft es dir, dich präventiv für schwierige Zeiten zu wappnen.

Viel Freude beim Lesen und gutes Gelingen beim Umsetzen!

I Gelassenheit und Seelenfrieden finden

Was kannst du wirklich ändern?

"Einige Dinge sind in unserer Gewalt, andere nicht. In unserer Gewalt sind: Meinung, Trieb, Begierde, Widerwille, kurz: alles, was unser eigenes Werk ist. Nicht in unserer Gewalt sind: Leib, Vermögen, Ansehen, Ämter, kurz: alles, was nicht unser eigenes Werk ist."

(Epiktet, Handbüchlein der stoischen Moral, 1.1, übersetzt von Carl Conz, zeno.org)

Konzentriere dich auf deinen Machtbereich und ignoriere alles andere! Das ist der Kern des Stoizismus. Leichter gesagt als getan. Nehmen wir das Gelassenheits-Gebet:

"Gott gebe mir die Gelassenheit, Dinge hinzunehmen, die ich nicht ändern kann, den Mut, Dinge zu ändern, die ich ändern kann, und die Weisheit, das eine vom anderen zu unterscheiden."

Ich kenne dieses Gebet seit 20 Jahren und erkenne die Weisheit darin. Zeitweise habe ich es täglich ausgesprochen. Dumm nur, dass ich den Inhalt des Gelassenheits-Gebets nie wirklich in meinem Leben umgesetzt habe. Das haben erst die Stoiker geschafft.

Einen Gedanken zu verstehen ist etwas anderes als einen Gedanken so zu verinnerlichen, dass er verhaltensrelevant wird.

Wir beschäftigen uns immer wieder mit Themen, über die wir keinerlei Macht haben. Mit dem Fehlverhalten unserer Mitmenschen, Kunden und Partner. Mit den Störmeldungen in der Zeitung. Wir hadern damit, dass wir zu groß oder zu klein sind, zu dick oder zu dünn.

Wir sollten uns lieber auf die Dinge konzentrieren, die in unserem Machtbereich liegen:
Was will ich gerne jetzt in meinem Leben verbessern? Will ich mich beruflich verändern? Will ich mehr im Garten arbeiten? Mich gesünder ernähren (zum Beispiel biologisch)? Oder mehr Beziehung zu meinen Mitmenschen aufbauen?

Wenn du mit deiner Ernährung unzufrieden bist, entscheide und ernähre dich anders. Wenn du dich einsam fühlst, geh auf Menschen zu. Zum Beispiel kannst du in einem Chor mitsingen oder in einen Sportverein eintreten. Du kannst dich entscheiden, Bücher zu lesen, die dir guttun. Mehr Obst und Gemüse zu essen, ein längst überfälliges Gespräch zu führen.

"*Wenn wir hingegen bloß die von uns abhängigen Dinge für Güter oder Übel erklären, so bleibt kein Grund übrig, die Gottheit anzuklagen oder gegen irgendeinen Menschen eine feindliche Gesinnung zu hegen.*"

(Marc Aurel, Selbstbetrachtungen, 6.41, übersetzt von Albert Wittstock)

Am besten rufst du dir gleich morgens nach dem Aufstehen ins Gedächtnis, was in deiner Macht steht und wie du diese Macht heute nutzen kannst! Nimm dir etwas vor!

Die Unnötigkeit von Ohnmachtsgefühlen

Man kann Stunden seines Tages und Monate, vielleicht Jahre seines Lebens darauf verwenden, über Dinge nachzudenken, die man eigentlich nicht verändern kann. Zum Beispiel das Verhalten des Partners, den Börsenkurs, einen Unfall oder ein anderes tragisches Unglück, von dem man erfährt.

Hätte man das nicht verändern oder voraussehen können?

Die Lösung der Stoiker ist so einfach und klar, wie sie radikal ist: Gib alles auf, was du nicht ändern kannst. Alles, was außerhalb deines Macht- und Entscheidungsbereichs liegt.

Glaub bloß nicht, dass das einfach ist. Du willst deinen Partner so sein lassen, wie er ist. Doch plötzlich spricht er ein Wort aus und trifft dich an einem wunden Punkt. Und schon reagierst du mit alten Gewohnheiten. Oder du fährst Fahrrad und ein Auto fährt dich fast über den Haufen. Es ist bereits passiert und du kannst es nicht mehr ändern, aber schaffst du es, gelassen und ruhig zu bleiben?

Wir müssen immer wieder üben. Gerade bei Dingen, die uns etwas angehen und emotional berühren.

"Wenn du aber nur, was wirklich dein ist, als dein Eigentum betrachtest, das Fremde aber so, wie es ist, als Fremdes, so wird dir niemand je Zwang antun, niemand wird dich hindern; du wirst keinen schelten, keinen anklagen, wirst nichts tun wider Willen, niemand wird dich kränken, du wirst keinen Feind haben, kurz: du wirst keinerlei Schaden leiden."

(Epiktet, Handbüchlein der stoischen Moral, 33.9, übersetzt von Carl Conz)

Wenn du das nächste Mal wütend, traurig oder ängstlich bist, dann mach dir bewusst, unter welchem Stress dein Körper in diesem Moment steht. Deine Organe, Hormone, Neurotransmitter ... alles leidet und dein Körper verliert ein Stück seiner Lebenskraft.

"Wenn du in einem Loch sitzt, musst du erst mal aufhören mit Graben."

> Nimm die Probleme ruhig zur Kenntnis.
> Mach dir klar, ob du sie verändern kannst.
> Wahrscheinlich nicht, also lass los. Oder
> probier es, aber mach dich nicht verrückt,
> wenn es nicht klappt. Entspanne dich ein-
> fach, lenk dich ab, tu etwas anderes, bis du
> die Kunst des Loslassens von Dingen, die du
> nicht ändern kannst, perfektioniert hast.

Eine kuriose Übung

Ryan Holiday beschreibt in seinem Buch "Der tägliche Stoiker" eine Übung, die folgendermaßen geht: Denke an schlimme Dinge, von denen du nichts weißt.

Jede Menge furchtbare Dinge geschehen jeden Tag in der Welt und du weißt nichts davon. Das ist auch gut so, denn du kannst an den meisten von ihnen sowieso nichts ändern und würdest dich womöglich nur unnötig verrückt machen.

Doch was bedeutet das noch?
Es gibt viel Negatives, das uns nicht berührt (weil wir nicht davon wissen).

Frage dich:

Können wir so nicht auch mit negativen Einflüssen umgehen, von denen wir zwar wissen, die sich aber unserem Einflussbereich entziehen?

> Mach dir klar, dass es den schlimmen Dingen nicht hilft, wenn du an sie denkst!

"Ich habe keine Meinung dazu."

Ich habe festgestellt, dass bestimmte Sätze bei mir enorm hilfreich sind, um gelassen zu bleiben. Es sind Kraftsätze, die wie Medizin wirken.

"Ich habe keine Meinung dazu." ist so ein Satz.

Du kannst ihn direkt aussprechen in einem Gespräch, wenn dein Gegenüber ein Thema anspricht, das dich belastet und an dem du nichts ändern kannst. Oder du kannst den Satz auch dir selbst gegenüber kommunizieren und bekommst damit inneren Abstand von einem Thema. Dadurch saugt es keine Energie mehr ab.

Man muss einfach nicht immer eine Meinung haben. Weder über vermeintlich positive Dinge noch über vermeintlich negative Dinge. Ohnehin gibt es tausend Dinge, von denen man gar nichts weiß.

Keine Meinung zu haben ist eine Fähigkeit, die man üben muss. Absolut keinen Gedanken an etwas zu verschwenden. So zu tun, als würde es nicht existieren.

"Du hast es gar nicht nötig, dir über irgendeine Sache Gedanken zu machen und deine Seele zu beschweren."

(Marc Aurel, Selbstbetrachtungen 6.52, übersetzt von F. C. Schneider)

Oder probier mal den Satz: *"Es interessiert mich nicht."*

Auf 99 Prozent der Geschichten, die du in den Medien konsumierst, hast du keinerlei Einfluss. Überlege dir deshalb genau, wie viel Zeit du mit diesen Informationen verbringen willst! Und wie oft du diese Geschichten danach noch mit anderen Menschen analysieren und diskutieren willst. Mach dir klar, was du mit dieser Zeit anfangen kannst, wenn du sie in Dinge investierst, mit denen du etwas in der Welt bewirken kannst.

Keine Sorge: Du verpasst wenig wirklich Relevantes.

Vor vielen Jahren habe ich ein Experiment gemacht: Ich habe drei Monate lang nicht mehr ferngesehen und auch keine Zeitung angeschaut. Internet war damals noch kein großes Thema. Ich war komplett Medien-abstinent. Drei Monate später war das Experiment vorbei und ich war verblüfft, als ich mir die Nachrichten anschaute. Alles war noch genauso wie vorher. Nichts hatte sich verändert. Nichts wirklich Spannendes und Wichtiges war passiert, das Einfluss auf mein Leben gehabt hätte.

Es erfordert Mut, den Satz "Es interessiert mich nicht." zu sagen, vor allem einem Menschen, aber auch sich selbst gegenüber. Aber du kommunizierst damit nicht nur deinem Gegenüber, sondern auch deinem Unterbewusstsein eine klare Botschaft: Dass du die Freiheit hast, uninteressiert zu sein!

"Willst du Fortschritte machen, so lass es dir gefallen, dass man dich in Bezug auf äußere Dinge für dumm und einfältig hält. Du musst nicht scheinen wollen, als wissest du etwas."

(Epiktet, Handbüchlein der Moral, 13, übersetzt von Carl Conz)

Wir sind keine Marionetten

Wir lassen uns mental herumschubsen:
Wir greifen zu, wenn wir Schokolade sehen.
Wir jammern, wenn andere jammern.
Wir lassen zu, dass uns die sozialen Medien von unserer Arbeit ablenken.

Und all das machen wir freiwillig!

"Wenn jemand deinen Körper dem ersten Besten, der dir begegnet, ausliefern würde, dann wärest du entrüstet. Dass du aber dein Denken jedem Beliebigen auslieferst, sodass es beunruhigt und verstört wird, wenn er dich beleidigt - dessen schämst du dich nicht?"

(Epiktet, Handbüchlein der Moral, 28, übersetzt von Kurt Steinmann)

Das Gleiche gilt für positive Ereignisse. Wir werden gelobt und plötzlich sind wir glücklich. Die Sonne scheint oder eine Frau lächelt uns zu und plötzlich ist alles super.

Wir sind ständig in Gefahr, wie Marionetten zu reagieren. Auf Verführungen und Kräfte, die uns ablenken. Auf negative Gefühle wie Angst und Gier. FOMO - Fear of missing out - ist heute eine gängige Marketingstrategie.

Wir sollten mehr agieren und weniger reagieren.

Marc Aurel schrieb einmal in sein Tagebuch, dass man sich selbst als alte Person vorstellen soll. Als alte Person lässt man nicht mehr alles mit sich machen, man hat das einfach nicht mehr nötig.

> **Mach dir hier und jetzt klar: Du bist keine Marionette! Und handle auch so!**

"Wie die Gans durch ihr Geschnatter, das Schaf durch sein Blöken niemanden erschreckt, so soll auch die Stimme der unvernünftigen Menge auf dich keinen Eindruck machen!"

(Epiktet, Fragmente. Nr. 85, übersetzt von Hans Stich)

Wie sich ein anderer Mensch verhält, ist seine Sache

Häufig regen wir uns über unser Gegenüber auf. Wie kann mein Chef oder mein Kunde nur so lieblos sein und mich so unfair behandeln?

Ja, das tut weh. Aber nur kurz. Und dann können wir uns wieder uns und unserem Leben zuwenden und uns klarmachen:

Wie sich ein anderer Mensch verhält, ist seine Sache. Er trägt dafür die Verantwortung.

Das Schlimmste, was wir tun können, ist, uns dem Niveau unseres Gegenübers anzupassen.

"Wie kann dich denn bald dies, bald jenes ärgern, das dich doch gar nichts angeht?"

(Marc Aurel, Selbstbetrachtungen 7.38, übersetzt von F. C. Schneider)

Urteile sind mächtiger als Ereignisse

Probleme entstehen, wenn wir Situationen negativ beurteilen.

Die Stoiker waren überzeugt, dass wir uns viele Dinge, die uns Sorgen machen, einfach nur vorstellen, ohne dass dies irgendetwas mit der Realität zu tun hat.

Beispiel: *"Ich habe eine zu kleine Wohnung."*
Wirklich?

"Ich habe eine Wohnung. Ich habe einen sicheren Ort. Ich habe eine Beziehung zu meiner Wohnung. Es passt nicht alles rein? Dann muss ich eine neue Lösung finden, es aufzuheben oder mich von etwas trennen. Auch das ist kein unüberwindbares Problem."

Das ist ein Beispiel, wie man ein imaginäres Problem relativiert. Aber wir brauchen nicht mal das zu tun. Wir müssen nichts relativieren, weil es keine Probleme gibt. Es gibt nur Realitäten. Diese Realitäten können wir als Problem sehen, oder eben nicht.

Etwas nicht zu haben oder zu bekommen.
Von jemandem nicht geliebt zu werden.
Etwas nicht zu schaffen.

Das sind Teile der Wirklichkeit.

"Nicht die Dinge selbst beunruhigen die Menschen, sondern ihre Meinungen und Urteile über die Dinge."

(Epiktet, Handbüchlein der Moral, 5, übersetzt von Kurt Steinmann)

Geduld ist das größte Gebet

Wenn ich beim Bäcker anstehe und jemand drängelt sich vor, werde ich ungeduldig und nervös.

Wenn ich es dann schaffe, den anderen freundlich und gelassen darauf hinzuweisen, dass ich jetzt dran bin, tut das gut. Aber noch besser fühlt es sich an, wenn ich großzügig bin und den anderen einfach gewähren lasse. Mich und mein Ego nicht so wichtig nehme.

Das beste Gebet ist Geduld. (Buddha)

"*Vergiss nicht, dass du dich (im Leben) wie bei einem Gastmahl betragen musst. Man bietet etwas herum und es gelangt zu dir. Strecke die Hand aus und nimm bescheiden davon. Es geht an dir vorüber – halte es nicht auf. Es will immer noch nicht kommen – blicke nicht aus der Ferne begehrlich darauf hin, sondern warte, bis es zu dir kommt.*"

(Epiktet, Handbüchlein der Moral, 15, übersetzt von Carl Conz)

Probier mal, dich in problematischen Situationen zurückzuhalten, selbst wenn du im Recht bist und allen Grund hättest, auf den Tisch zu hauen!

Die andere Perspektive

Jeder lebt in seiner eigenen kleinen Welt. Unsere Probleme erscheinen groß.

Was passiert, wenn wir eine andere Perspektive einnehmen?

Wie ein Astronaut, der die Erde zum ersten Mal vom Weltraum aus betrachtet und plötzlich realisiert, wie sinnlos es ist, wenn Menschen Krieg führen. Gegeneinander, gegen die Natur.

Oder wir können einen Konflikt durch die Augen unseres Gegenübers betrachten. Und plötzlich begreifen wir die Situation und die Nöte des ‚anderen und das verändert uns.

Wir können immer wieder feststellen, dass wir uns zu wichtig nehmen. Und dass ein Problem einfach nicht so schlimm ist, wie wir gerade in einem akuten Wahnanfall dachten.

In schweren Krisen realisieren die Menschen das oft. Bei einer Überflutung, wenn man alles verliert, in einer bedrohlichen Krankheit. Plötzlich wird klar, was wichtig ist. Man wird liebevoll, versöhnlich und schätzt einander.

Spar dir die Krise und nimm gleich eine Perspektive ein, die dich entspannt und auf Wesentliches hinweist.

"Blicke oft zu den Sternen empor – als wandeltest du mit ihnen. Solche Gedanken reinigen die Seele von dem Schmutz des Erdenlebens."

(Marc Aurel, Selbstbetrachtungen, zeno.org, 7.32, übersetzt von F. C. Schneider)

Vergebung statt Rache

Wir tun uns oft nicht leicht zu vergeben, obwohl uns das selbst stark belastet. Wenn du es einmal probierst, wirst du feststellen, dass Vergebung genau das Gegenteil bewirkt. Nicht sofort vielleicht, aber du kannst es spüren.

Wenn du jemandem vergibst und ihm aufrichtig ohne brennende Vorwürfe begegnest, spürst du einen Wesensanteil in ihm, der das Gegenteil von einem Übeltäter ist.

Genau genommen ist Vergebung ein Akt des Vertrauens in das tiefere Wesen des Feindes. Ein Akt des Vertrauens in das Leben, das alles aushält, auffängt und schlussendlich korrigieren wird, und damit ein Gebet für das Gute in der Welt. Ein Akt der Hingabe an die eigene Zugehörigkeit zum Liebesparadies.

Manchmal braucht es Zeit, doch Übung macht den Meister, und wenn die Zeit noch nicht reif ist, dann nimm das kleine Geschwister der Vergebung: die Akzeptanz. Mit ihr fängt sowieso alles an und ohne sie ist auch Vergebung nicht möglich.

Vergiss nicht, auch dir selbst zu vergeben. Vergebung zieht Schatten von der Welt. Sei der Diener, der die schmutzige Tischdecke zum Fluss bringt, wo sie gewaschen werden kann.

"Die beste Art, sich an jemand zu rächen, ist, es ihm nicht gleich zu tun."

(Marc Aurel, Selbstbetrachtungen 6.6, übersetzt von F. C. Schneider)

II Innere Stärke und Belastbarkeit entwickeln

„Weder gut noch schlecht."

Das ist ein hilfreicher Satz für schwierige Situationen, die emotional belasten und auf die du keinen Einfluss hast.

> Probier den Satz mal aus, wenn du in einer schwierigen Situation bist. Er wirkt Wunder! "Weder gut noch schlecht."

Die Stoiker sind der Meinung, dass das Gute oder das Schlechte nur innerhalb dessen liegt, was du verändern kannst. Das ist krass und man muss diese Auffassung nicht teilen, aber der Satz entspannt augenblicklich, indem er eine problematische Situation "neutralisiert".

Deine geliebte Katze ist gestorben. "Weder gut noch schlecht." Du hast dir den Fuß gebrochen. "Weder gut noch schlecht." Es regnet bei deiner Hochzeit. "Weder gut noch schlecht."

"Solange du etwas, was keine Sache des Vorsatzes und des freien Willens ist, für gut oder böse hältst, so lange kannst du auch nicht umhin, wenn

dich ein Unfall betrifft oder das Glück ausbleibt, die Götter zu tadeln oder die Menschen zu hassen als die Urheber deines Unglücks (...) Wenden wir dagegen die Begriffe Gut und Böse nur bei den Dingen an, die in unserer Macht stehen, so fällt jeder Grund weg, Gott anzuklagen und uns feindlich zu stellen gegen irgendeinen Menschen."

(Marc Aurel, Selbstbetrachtungen, 6.41, übersetzt von F. C. Schneider)

Kritik und Beleidigung stehen lassen

"Wenn dir jemand hinterbringt, dass der oder jener Schlimmes von dir rede, so verteidige dich nicht gegen das Gesagte, sondern antworte: Der wusste also nichts von meinen übrigen Fehlern, sonst würde er wohl nicht bloß von diesen gesprochen haben."

(Epiktet, Handbüchlein der stoischen Moral, 33.9, übersetzt von Carl Conz)

Ein Freund von mir hat für sich eine Regel aufgestellt:

Reagiere 24 Stunden nicht negativ auf eine Kritik, sag nichts dagegen. Egal wie es sich in dir sträubt und wehrt und du dich vollkommen zu unrecht verurteilt fühlst. Nach einem Tag wirst du mit etwas Glück ein paar Aspekte der Kritik als passend erfahren können, die anderen kannst du eventuell noch richtigstellen. Wertvoller ist aber, dem Kritiker zu sagen, was du an der Kritik als wahr entdecken konntest. Den Rest kannst du einfach loslassen.

Du wirst dein Gegenüber vielleicht überraschen, doch ihr werdet euch näher sein und du wirst dich mithilfe der Kritik weiterentwickeln können.

"Es kommt nicht darauf an, wie eine Beleidigung zugefügt wird, sondern wie man sie aufnimmt."

(Seneca, Vom Zorn, III, 11.
übersetzt von J. M. Moser)

Raus aus den Federn

"*Früh wenn's dir leidtut schon aufgewacht zu sein, sage dir gleich, du seist erwacht, dich menschlich zu betätigen. Um der Tätigkeit willen bist du geboren und in die Welt gekommen, und du wolltest verdrießlich sein, dass du ans Werk gehen musst?*"

(Marc Aurel, Selbstbetrachtungen 5.1, übersetzt von F. C. Schneider)

In einer Geschichte habe ich mal den Gedanken eines Zen-Meisters gelesen, man solle die Nacht hinter sich lassen wie einen alten Schuh, den man wegwirft.

Es geht darum, die eigene Trägheit und das einlullende Gefühl, wenn man es sich noch einmal im Bett gemütlich machen will, hinter sich zu lassen. Wir können stattdessen frisch in den Tag starten. Wir können uns selbst klarmachen: Das Leben ist schön!

Also raus aus dem Bett, wenn du erwachst!
(Am besten mache gleich noch dein Bett.)

Periodischer Luxus-Verzicht

Eine Lieblingsübung der Stoiker war es, immer wieder ganz bewusst auf Luxus zu verzichten. Sie waren der Meinung, dass Luxus uns schwächt, und zwar fatalerweise nicht nur körperlich, sondern auch geistig. Er lullt uns ein, macht uns stumpf und träge und schwächt alle lebendigen Impulse in uns, die das Leben lebenswert machen.

Auf Luxus verzichten zu können ist ein tolles Gefühl. Es macht glücklich - einfach weil man immer stärker spürt, dass man diesen oder jenen Luxus nicht braucht, um glücklich zu sein. In Wahrheit ist das Gefühl innerer Lebendigkeit und inneren Glücks vollkommen bedingungslos. Das haben die meisten Menschen nur verlernt zu spüren oder vergessen es immer wieder. Und der Luxus und Komfort hat daran einen großen Anteil. Sie machen uns süchtig. Die Menschen sind Sklaven des Luxus. Marc Aurel, der mächtigste Mensch seiner Zeit, schlief häufig auf dem Boden.

Überleg dir, was du selbst tun kannst, um zu spüren, dass auch du dich stark, schön, lebendig und glücklich fühlen kannst, ohne dafür irgendwas zu brauchen und dass dich das im positiven Sinn abhärtet und stärker macht, zum Beispiel:

- Faste einen Tag im Monat!
- Schlafe einmal im Monat auf einer Decke statt im Bett!
- Gehe auch mal längere Wege zu Fuß!
- Lenke dich heute Abend nicht vor der Glotze ab, sondern schreibe Tagebuch, arbeite an einer wichtigen Idee oder schreibe einen Brief an jemanden, dem du schon lange etwas sagen wolltest!
- Dusche kalt!
- Diene!

"Was mich betrifft, würde ich es vorziehen, krank zu sein, als im Luxus zu leben, denn krank zu sein, schädigt nur den Körper, während Luxus den Körper und die Seele zerstört, er macht den Körper schwach und handlungsunfähig und verursacht in der Seele Kontrollverlust und Feigheit. Außerdem führt Luxus zu Ungerechtigkeit, denn er bringt die Gier hervor."

(Musonius Rufus, Vorträge, 20.95.14-17, übersetzt von Stephen Hanselman in "Der tägliche Stoiker", Seite 358)

Spüre doch einfach mal in deine Lebendigkeit, die vollkommen unabhängig von allem Luxus ist. Nutze die Übungen, um diese Quelle weiter zum Sprudeln zu bringen!

Kaltes Wasser

Kaltes Wasser verdient noch mal ein eigenes Kapitel. Zu einem guten Saunagang gehört für mich immer ein kaltes Gewässer, ein Tauchbecken oder eine kalte Dusche. Nur dann komme ich wirklich gestärkt aus meinem geliebten Sauna-Ritual. Man kann auch kreativ werden: Wenn ich gemeinsam mit meinem Cousin saunieren gehe, haben wir dort keine Dusche. Stattdessen schütten wir uns in seinem Garten gegenseitig eiskaltes Wasser mit einer Gießkanne über den Kopf. Herrlich!

Wenn ich warm dusche oder bade, gönne ich mir am Schluss jedes Mal einen kühlenden Schwall aus dem Duschkopf. Ich spüre, wie mir das Kraft gibt.

Bereits wenn man sich morgens nur kalt das Gesicht wäscht, hat das positive Auswirkungen auf die eigene Gesundheit. Das haben Studien bestätigt.

Der "Wasserdoktor" Sebastian Kneipp schrieb viel über die Heilkraft des Wassers und war der Meinung, dass man sich mindestens einmal am Tag überwinden soll. Zum Beispiel mit kaltem Wasser.

> Bring kaltes Wasser in deinen Alltag, am besten täglich!

Rituale am Morgen und am Abend

Rituale sind eine große Kraftquelle und deshalb lieben die Stoiker sie. Sie können dich zum Beispiel am Morgen in eine innere Stimmung bringen, die sich super auf deinen Tag auswirkt. Wähle etwas aus, was dich anzieht, nur du weißt, was genau du brauchst, um mehr bei dir, mehr auf dem Boden oder mehr in Harmonie mit dem Leben zu sein. Ich habe gelesen, dass Meditieren eine der ganz wenigen Gewohnheiten ist, für die sich fast alle extrem erfolgreiche Menschen entscheiden.

Auch ein abendliches Reflexions-Ritual kann dein Leben nachhaltig in eine Richtung prägen, die du dir wünschst. Tag für Tag und Woche für Woche.

Zum Beispiel kannst du dir am Ende eines Tages überlegen, in welchen Situationen du dich heute stoisch verhalten hast und in welchen nicht. Und dir dann klarmachen, wie du dich beim nächsten Mal in der gleichen Situation gerne verhalten willst.

"Was ist schöner als diese Gewohnheit, seinen Tag einer genauen Prüfung zu unterwerfen?"

(Seneca, Mächtiger als das Schicksal. Ein Brevier, übersetzt von Wolfgang Schumacher 1942)

Beharrlichkeit ist wichtig bei Ritualen. Manchmal spürt man gleich einen positiven Effekt. Manchmal kommt dieser erst mit den Monaten und Jahren.

Investiere in deinen Charakter

Wir können in vieles investieren. In Aktien, Bitcoins, Gold, Immobilien. Unsere Investitionen können uns finanziell reich und unabhängig machen. Aber machen sie uns glücklich?

> *"Glücklich sein heißt einen guten Charakter haben."*
>
> (Marc Aurel, Selbstbetrachtungen 7.17, übersetzt von F. C. Schneider)

Die Stoiker waren der Meinung, dass sich die Investition in den eigenen Charakter lohnt. In vielfacher Hinsicht. Und das ist eine Entscheidung.

Ein guter Charakter macht glücklich und unser Charakter liegt in unserer Hand und ist nicht abhängig von den Umständen.

> *"Über den Charakter hat das Schicksal keine Macht."*
>
> (Seneca, Briefe an Lucilius, 36. Brief, übersetzt von Otto Apelt)

Wenn du dich für deinen Charakter entscheidest, dann musst du es aktiv üben.

Überall, wo du Entscheidungen triffst, kannst du üben.
Ehrlich und verlässlich zu sein.
Freundlich und liebevoll.
Dankbar und glücklich.

Ein guter Charakter gibt Kraft und Sicherheit.
Er entscheidet darüber, wie du dich verhältst, jeden Tag, jede Stunde. Er prägt nicht nur dich, sondern dein ganzes Leben.

Ist dein Charakter ehrlich, so ist es auch dein Leben.
Ist dein Charakter verlässlich, dann ist es auch dein Leben.
Ist dein Charakter freundlich, so ist es auch dein Leben.

"Der Charakter ist die Quelle des Lebens, aus der die einzelnen Handlungen fließen."

(Zenon von Kition)

Mach dir bewusst, wie wichtig dein Charakter ist, und entscheide dich immer wieder für deine Werte!

Suche dir Vorbilder

Es macht immer Sinn, nach Menschen Ausschau zu halten, die in bestimmten von uns für wichtig gehaltenen Bereichen besonders überzeugend sind.

> Wenn du nun in einer Problemlage bist, dann überlege dir, wie dein Vorbild jetzt handeln würde.

Das Tolle ist, dass wir uns nicht nur auf unsere Mitmenschen beschränken müssen, sondern dass wir auch die Möglichkeit haben, uns Philosophen zum Vorbild zu nehmen. Oder Superhelden.

Überall gilt jedoch: Der Guru ist auch in dir. Wenn dein Vorbild etwas sagt, was du anders siehst, denke darüber nach, was er gemeint haben könnte und was daran interessant und bereichernd ist.

Hoffnungen und Sorgen sind wertlos

"Die Furcht ist eine Folge der Hoffnung."

(Seneca, Mächtiger als das Schicksal. Ein Brevier, übersetzt von Wolfgang Schumacher)

Hoffnungen und Sorgen gehen Hand in Hand.
Beide beziehen sich nicht auf das Hier und Jetzt.
Und beide haben nichts zu tun mit Amor Fati, der "Liebe zum Schicksal".

Unsere Sorgen treten kaum einmal ein und unsere Hoffnungen treten meist nur dann ein, wenn wir etwas dafür tun.

Meine Mutter hat mir immer "viel Glück" gewünscht, wenn ich eine wichtige Klausur in der Schule hatte und aus dem Haus ging. Manchmal habe ich gesagt: "Ich brauche kein Glück, ich bin gut vorbereitet." Das hat sich gut angefühlt.

Wenn wir uns nach etwas sehnen, macht uns das verletzlich. Ich sehne mich zum Beispiel danach, dass sich die erbärmliche Tierhaltung in der konventionellen Landwirtschaft ändert. Das ist wertlos für mich, weil ich leide, und hilft auch den Tieren wenig.

Ich kann jedoch etwas tun: Ich kann Geld spenden an Tierschutz-Organisationen oder mich sogar direkt dort engagieren. Das tut Gutes und tut gut.

> **Lass deine Sorgen und Hoffnungen los!**

Dann kannst du dich auf den größten Hebel für eine positive Zukunft konzentrieren, den du hast: dich selbst.

So oder so lassen wir nur Unglück los. Und das ist womöglich allein schon ein Dienst an der Welt.

Stoisch beten

Was wir beten nennen, ist häufig nur Gejammer.
Wir formulieren unsere Sorgen und wollen etwas, das außerhalb unserer Macht liegt.

"Bitte mach, dass ich diesen Job bekomme!"
"Bitte hilf mir, dass ich besser schlafen kann!"
"Bitte hilf mir, dass ich wieder gesund werde!"

Okay, der Glaube versetzt manchmal Berge.

> Aber probier auch mal, stoisch zu beten.

Das bedeutet, sich Kraft zu erbitten, um schwierige Situationen zu meistern.

Zum Beispiel:
"Ich habe Angst. Hilf mir, dass ich meine Angst ertragen kann."
"Ich fürchte mich um mein Kind. Hilf mir, dass ich ruhig bleibe."
"Ich habe Angst, hilf mir, jedweden Ausgang meines Schicksals zu akzeptieren, vielleicht sogar zu lieben."

"Entweder die Götter vermögen nichts, oder sie haben Macht. Können sie nichts, was betest du? Haben sie aber Macht, warum bittest du sie nicht lieber darum, dass sie dir geben, nichts zu fürchten, nichts zu begehren, dich über nichts zu betrüben, als darum, dass sie dich vor solchen Dingen, die du fürchtest, bewahren oder solche, die du möchtest, dir gewähren?"

(Marc Aurel, Selbstbetrachtungen 8.40, übersetzt von F. C. Schneider)

III

Entscheidungen treffen und Herausforderungen meistern

"Dafür habe ich trainiert."

Wenn du in einer schwierigen Situation bist,
dann sag dir selbst den Satz:
"Dafür habe ich trainiert."

Dieser Satz verwandelt ein bedrohliches Problem in eine Herausforderung. Du machst dir klar, dass du dich vorbereitet hast, zum Beispiel mit den Übungen und Gedanken in diesem Buch. Du bist gewappnet. Du weißt zwar nicht, wie gut du die Herausforderung meistern wirst. Aber es ist in Ordnung, auf die Probe gestellt zu werden. So wie ein Boxer in den Ring steigt und kämpft, auch wenn er weiß, dass er getroffen wird. Oder wie ein Redner auf die Bühne tritt und weiß, dass er sich der Menge aussetzt.

Deine Arena ist dein Leben. Es ist kompliziert und voller Herausforderungen. Man kann leicht böse überrascht werden, wenn man sich nicht vorbereitet hat.

Am besten, du liest noch mal die Gedanken und Impulse aus Kapitel 2 "Innere Stärke und Belastbarkeit entwickeln" und integrierst die Übungen in deinen Alltag.

"Edlen Seelen ist Anstrengung ein Bedürfnis gleich der Nahrung."

(Seneca, Briefe an Lucilius, 31. Brief, übersetzt von Otto Apelt)

Den Fluss überspringen, wenn er noch ein Bach ist

Die Lösung eines Problems aufzuschieben hat nicht nur zur Folge, dass du dir die Lösung vorenthältst. Es heißt auch, dass das Problem noch größer wird und die Hemmschwelle, es zu bearbeiten, ebenfalls.

Ein Freund von mir hat sich vor vielen Jahren mit einem anderen Freund zerstritten und sie wissen heute gar nicht mehr warum. Trotzdem hat ihre Freundschaft es nicht ausgehalten. Vielleicht kennst du das auch. Man streitet mit einem Freund und je länger es dauert, bis man wieder zusammenfindet, umso mehr Gründe findet man, warum die Beziehung oder der andere eh doof ist. Dabei könnte man sich all das sparen, indem man einfach schnell über die schwierige Situation spricht. Man kann auch ruhig Verletzungen ausdrücken oder eine Sehnsucht nach Versöhnung. Wichtig ist aber die eigene versöhnliche Haltung. Vorwürfe bringen selten eine Auflösung.

Das Gleiche gilt auch für andere Situationen, die dich überfordern. Natürlich kannst du dir eine Tafel Schokolade reinziehen oder noch eine Stunde sinnlos durchs Internet surfen. Aber wofür? Erinnere dich, dass es dir danach nicht wirklich besser gehen wird. Und dein Problem ist auch noch da. Du könntest es auch gleich lösen.

> Löse deine Probleme so schnell wie möglich und warte nicht, bis aus dem Bach ein reißender unüberwindbarer Fluss wird!

Das Hindernis ist der Weg

Ryan Holiday hat es mit seinem Buch-Titel auf den Punkt gebracht: "Das Hindernis ist der Weg".

Das Hindernis versperrt dir nicht den Weg, sondern ist ein Teil des Weges.

> Ärger dich nicht über das Hindernis, es ist der nächste Schritt deines Weges!

Was mich am Erreichen meiner aktuellen Aufgabe hindert, ist nichts Schlimmes, sondern einfach meine neue Aufgabe, mit der ich mich zuerst beschäftige.

Beispiele:

Ich will ein Buch schreiben. Ich beginne zu schreiben, aber immer wieder gebe ich auf, weil es anstrengend ist. Mein Hindernis ist mein fehlendes Durchhaltevermögen. Macht nichts, dann ist es meine neue Aufgabe, mein Durchhaltevermögen zu stärken. Zum Beispiel indem ich mir einen Freund suche, der mich unterstützt.

Meine Aufgabe ist es, fitter und gesünder zu werden. Aber ich bin ständig zu müde für mein Workout. Die Müdigkeit ist mein Hindernis und deshalb ist es meine neue Aufgabe, wacher zu werden. Zum Beispiel indem ich länger und besser schlafe oder kalt dusche.

Das Hindernis ist der Weg. Also keine Sorge, wenn du auf Probleme stößt. Wir müssen nur weitergehen, dann kommen wir nicht nur unserem Ziel näher, sondern meistens auch uns selbst.

> *"Und wenn sie sonst deiner Tätigkeit etwas in den Weg legen, bietet sich wohl gerade durch ein Hindernis, wenn man's nur gelassen aufnimmt und begierig acht hat auf das, was zu tun übrig bleibt, ein neuer Gegenstand der Tätigkeit, dessen Behandlung sich in die Lebensordnung fügen lässt, von der wir reden."*
>
> (Marc Aurel, Selbstbetrachtungen 8.32, übersetzt von F. C. Schneider)

Flüchten ist zwecklos

Wenn man auf der Flucht ist, bleibt man immer auf der Flucht. Und die meisten Menschen sind auf der Flucht. Vor Gefühlen, vor sich selbst, vor Gedanken, schmerzhaften Erinnerungen, Weltschmerz oder Langeweile. Und es gibt verschiedene Richtungen, in die sie fliehen: in die Aktivität, in ihre Fantasie, in sinnlosen Konsum oder in Geschichten (Bücher, Filme, Serien, Nachrichten).

Doch wenn man auf der Flucht ist, bleibt man immer auf der Flucht. Bis man aufhört zu fliehen und anfängt, sich frei zu bewegen. Das geht so:

Mach dir klar, dass kein Fakt der Welt dich zu irgendeiner Reaktion zwingen kann. Wie schlimm es auch immer ist, jeder Gedanke, jedes Gefühl ist einfach ein Phänomen unter vielen. Du kannst es stehen lassen, es einfach ignorieren - oder auch in einer Weise darauf reagieren, wie es eben gerade passt.

Es ist toll, zu spüren, dass man vieles aushalten kann. Dass kein noch so schlimmer Gedanke und kein noch so schlimmes Gefühl unaushaltbar ist. Und wenn man sich den Dingen stellt und durch sie durchgeht, das ganze Leben heiler und besser wird. Konfrontation ist mächtig, heilsam und toll! Sie bringt immer auch eine Transformation mit sich, die dich weiterbringt. Doch erzwinge nichts. Lauf einfach weniger weg und halte aus, was kommt. Ein bisschen mehr als noch gestern. Das reicht schon.

> Überprüfe in einer Stress-Situation einfach mal, ob du körperlich in irgendeiner Gefahr bist. Wenn du das wirklich überprüfst und feststellst, dass du nicht in Gefahr bist, wird sich dein Körper entspannen.

Es ist wichtig, oft NEIN zu sagen

Ich habe mir angewöhnt, ganz oft erst mal Nein zu sagen. Das klingt vielleicht nicht so attraktiv, ist aber eine Entscheidung, die im Endeffekt alle Ja!s stärker und wichtiger macht.

Oft JA! zu sagen ist im Moment meistens einfacher. Aber was kommt dann?

Du sagst JA zu einem Job, den du eigentlich gar nicht willst.
Du sagst JA zu etwas Verführerischem, von dem du weißt, dass es dir nicht guttut.

Und dann hast du den Salat.

"Yes is easier to say, no is easier to do." (Jason Fried)

Ein NEIN geht nicht so leicht über die Lippen, aber es ist ein mächtiges Wort. In ihm steckt auch die Kraft des JA!s, weil jedes NEIN gleichzeitig auch ein JA! zu etwas anderem ist. Es ist der Mut zur Priorität, zum Fokus, zum gezielten Leben.

> Bevor du das nächste Mal spontan JA! sagst, erbitte dir noch etwas Zeit für die Entscheidung und überlege dir genau, was dein JA! für dich und dein Leben bedeutet.

Hierzu noch ein Zitat von einem der reichsten Männer der Welt:

"The difference between successful people and really successful people is that really successful people say no to almost everything." (Warren Buffet)

Als erfolgreichster Investor aller Zeiten weiß er wohl, wovon er spricht.

"Wie viele haben dein Leben vergeudet, ohne dass du dir bewusst warst, wie viel du verlierst."

(Seneca, Über die Kürze des Lebens, 3.3b, übersetzt von Stephen Hanselman in "Der tägliche Stoiker", Seite 19)

Mehr Mut zu schweren Entscheidungen

"Es ist wichtiger, sich über Schwierigkeiten hinwegzusetzen, als sich in glücklichen Umständen einzurichten."

(Seneca, Briefe an Lucilius, 66. Brief. Übersetzung Aphorismen.de)

"Hard choices, easy life. Easy choices, hard life."

Dieses Zitat von Jerzy Gregorek begleitet mich oft, wenn es ernst wird. Es ermahnt mich dann immer, nicht den Mogelweg zu nehmen und mich aus einer schwierigen Situation herauszuschummeln, sondern in Vollkonfrontation mit dem Leben zu gehen und mich den Schwierigkeiten zu stellen. Mein Leben hat es mir stets gedankt.

Beispiele:

Soll ich das schwierige, aber so wichtige Gespräch mit meinem Freund wirklich führen, vor dem ich so viel Angst habe? Das Zitat sagt: "JA!" und ich bin danach immer froh darüber.

Soll ich mein Workout machen, obwohl ich wenig Energie spüre und mich am liebsten auf das Sofa legen würde? "JA!" Tu es und du fühlst dich besser.

Es ist leicht, sich vor einem schwierigen Gespräch zu drücken. Es ist leicht, der eigenen Trägheit nachzugeben. Doch die schwierigere Entscheidung ist in solchen Fällen fast immer die bessere!

> Mach dir vor schwierigen Entscheidungen klar, dass du dich zwar kurzfristig überwinden musst, die schwierige Entscheidung aber langfristig dein Leben einfacher machen wird.

Die stoische Rüstung

Ein guter Freund von mir geht nur mit Anzug in wichtige Verhandlungen. "Das ist wie eine Rüstung und dann fühle ich mich gewappnet", sagt er.

So können wir auch die stoische Philosophie betrachten. Sie ist unsere Rüstung und unser Schutz gegen all die Impulse, die von außen auf uns einprasseln und uns von unserem Weg abbringen wollen.

Unsere stoische Rüstung schützt unsere "innere Zitadelle", wie viele Stoiker es nannten. Wenn wir es nicht zulassen, kann keiner diese heilige Festung einnehmen. Denn sie gehört nur uns selbst.

"Darum, sage ich, ist die leidenschaftslose Seele eine wahre Burg und Festung. Denn der Mensch hat keine stärkere Schutzwehr. Hat er sich hier geborgen, kann ihn nichts gefangen nehmen."

(Marc Aurel, Selbstbetrachtungen 8.48, übersetzt von F. C. Schneider)

Visualisiere in schwierigen Situationen deine innere Burg und mach dir klar, dass sie uneinnehmbar ist!

"Ich habe die Kraft in mir, das alles fernzuhalten"

Manchmal hilft im akuten Krisenfall ein Mantra, das man sich aufsagt. Das Mantra zu wiederholen ist eine Art Entscheidung, sich in die Richtung des gewünschten Mantras zu bewegen.

"Ich habe die Kraft in mir, das alles fernzuhalten."

Das erinnert dich daran, dass du die momentanen Umstände aushalten und aktiv Entscheidungen treffen kannst, in welche Richtung du dich bewegen möchtest. Du kämpfst nicht mit der Situation, sondern du kämpfst für etwas, das die Situation auflöst oder weniger bedrohlich macht. Das ist ein großer Unterschied.

Weitere mögliche "Mantren", die du im Problemfall aufsagen kannst:

• "Ich habe es bis hier geschafft und schon Krisen überlebt. Es wird weitergehen und ich werde wieder glücklich sein." • "Auch das geht vorüber." • "Ich halte das aus." • "Warum nicht?" • "Das gehört auch dazu. Ist nicht so schlimm."

Oder du formulierst selber ein Mantra für die Gedanken, die du als heilsam erkannt hast, schreibst es dir auf ein Blatt Papier und übst es wie eine Vokabel. Dadurch lässt du den Gedanken in deine Seele und in dein Unterbewusstsein sickern, wo es nach und nach seinen Zauber entfaltet - bis du vielleicht irgendwann bereit für ein neues Mantra bist.

Wir wissen, was richtig und was falsch ist

"Recht gehandelt zu haben, ist der Lohn der rechten Tat."

(Seneca, Briefe an Lucilius, 81. Brief, übersetzt von Otto Apelt)

Interessanterweise wissen wir so gut wie immer, was das Richtige ist.

Dann liegen die Antworten auf der Hand.
Soll ich lieber Billig-Fleisch kaufen oder zum Bio-Laden gehen?
Soll ich mich um meinen kranken Freund kümmern, auch wenn ich eigentlich keine Zeit habe?

Soll ich meine Kinder lieber vor den Fernseher setzen oder einen Familienausflug machen?

Soll ich den Fehler, den ich gemacht habe und der auch andere betrifft, zugeben oder nicht?

Mach dir klar, dass du weißt, was richtig und was falsch ist. Und dann tu das Richtige!

Probier es doch mal aus. Handle einen Tag nach bestem Gewissen und tu einfach immer das, was sich deiner Meinung nach richtig anfühlt. Und dann sieh, wie sich das anfühlt.

Vielleicht willst du es wiederholen. Einen Tag pro Woche und dann immer mehr an jedem Tag.

Wer "das Richtige" tut, gibt mehr, als er nimmt. Und damit wird er zu einem wichtigen Teil dieser Welt.

IV Das Leben lieben lernen

Bettler, Magier, Clown und Prinz

"Bedenke, dass du Schauspieler bist in einem solchen Stück, wie es eben dem Dichter beliebt; ist es kurz, in einem kurzen; ist es lang, in einem langen. Will er, dass du einen Bettler vorstellen sollst, so stelle auch einen solchen naturgetreu dar. Ebenso einen Lahmen, einen Herrscher, einen gemeinen Mann. Deine Sache ist es nämlich, die Rolle, welche dir übertragen worden ist, gut zu spielen; sie auszuwählen, Sache eines andern."

(Epiktet, Handbüchlein der Moral, 17, übersetzt von Carl Conz, zeno.org)

Sofern wir uns erinnern können, suchen wir uns nicht aus, wo wir geboren werden, wer wir sind, wie wir aussehen, was wir können und was wir nicht können. Aber wir können uns entscheiden, die Rolle anzunehmen, die sich uns bietet. Und sie dann so gut wie möglich auszufüllen und zu spielen. Es gibt keine rein leichten oder rein schweren Rollen. Jede Rolle hat ihre Herausforderungen, Nöte und Freuden. Und in jeder Rolle können wir etwas lernen.

Wir können das Beste aus unseren Lebensumständen machen oder aber uns beklagen und andere beneiden, weil wir unzufrieden mit unserem Los sind. Doch auch privilegierte Menschen sind immer wieder mal unglücklich und haben dieselbe Liste mit Dingen, die ihnen fehlen, wie jeder andere auch. Lebensfreude und Güte sind Fähigkeiten der Seele und in jedem Augenblick möglich.

Wer seine eigene Rolle gut und gerne spielt, der liebt die Realität und ist sich selbst nahe. Dadurch verbindet er sich mit seinen Mitmenschen und fühlt sich mit ihnen im gleichen Boot, was stark und geerdet macht. Minderwertigkeitskomplexe und Größenwahn trennen die Menschen vom Rest der Wirklichkeit und sie fühlen sich einsam und schwach.

Eine Übung:

Erzähl dir doch mal ganz ehrlich selbst,
wer du bist:
Ich bin [Name], mache gerne dies und das,
meine Stärken sind (...), meine Schwächen
sind (...). Ich liebe (...), bin stolz auf (...). (...)
mag ich eher nicht. Ich verzweifle an (...)
usw.

Ich habe die Erfahrung gemacht, dass diese Übung guttut. Sie bringt mich mir näher und selbst die scheinbar negativen Dinge sind stärkend. Man muss nichts mehr beweisen und kann einfach der sein, der man ist. Selbst wenn man eine schwierige Rolle im Leben zu spielen hat, kann man Eindruck auf andere Menschen machen. Es gibt auch Oskars für Nebendarsteller.

Sag JA! zu deinem Leben und zu deiner Rolle und spiele sie gut!

Warum könnte ich mir das gewünscht haben?

Ich habe meinen Job verloren.
Warum könnte ich mir das gewünscht haben?
(Zum Beispiel für die Chance, mich beruflich zu verändern.)

Mein bester Freund hat mich verletzt.
Warum könnte ich mir das gewünscht haben?
(Zum Beispiel um zu zeigen, dass unsere Freundschaft auch eine Verletzung übersteht.)

Ich bin depressiv und energielos.
Warum könnte ich mir das gewünscht haben?
(Zum Beispiel um mir darüber klar zu werden, was ich wirklich vom Leben will, was mir Energie gibt und was nicht.)

Ich habe mein Vermögen verloren und bin arm wie eine Kirchenmaus.
Warum könnte ich mir das gewünscht haben?
(Zum Beispiel um aus dem Konsumwahn auszusteigen und zu erleben, dass man auch ohne Geld glücklich sein kann.)

Du wirst überrascht sein, wie schnell du Antworten findest, die dir neue Kraft geben.

Mitfreude

Es ist gar nicht so einfach, anderen ihre Erfolge zu gönnen. Vor allem, wenn man selbst gerade eine Durststrecke hat. Das habe ich schon oft an mir selbst erlebt.

Genauso oft aber habe ich es erlebt, wie schön es ist, sich mit dem anderen zu freuen. Das ist eine Frage der Übung, man kann es lernen. Und die Freude füllt dein Herz und Leben genauso, ob es nun dein Erfolg ist oder der des anderen! Freue dich für die anderen, und ihr Glück wird auch dein Glück sein.

> *"Es ist nur natürlich, seinen Freunden mit Zuneigung zu begegnen und sich an dem, was sie erreicht haben, zu erfreuen, als hätten wir es selbst erreicht."*
>
> (Seneca, Briefe an Lucilius, 81. Brief, übersetzt von Otto Apelt)

Übung macht den Meister:
Denke immer mal wieder an die Erfolge
deiner Mitmenschen und freu dich mit!

Flexibilität ist besser als ein starker Wille

Die Stoiker raten uns, unser Schicksal anzunehmen, wie immer es auch gerade ist.

Sein Schicksal anzunehmen bedeutet auch: Flexibel sein und mitschwingen bei den Gelegenheiten und Situationen, die das Leben von alleine bringt. Ich bewundere flexible Menschen. Eine Sache funktioniert nicht ... dann machen sie eben etwas anderes.

Der Trick ist, weniger auf etwas zu beharren, was man unbedingt will, und sich die Freiheit zu bewahren, die Chancen zu ergreifen, die sich tatsächlich bieten.

"Das besonnene Verhalten ist nicht etwas von der Glückseligkeit Verschiedenes, sondern es ist selbst die Glückseligkeit."

(Chrysippos, zugeschrieben)

Ein Mythos der heutigen Zeit ist, dass man einen starken Willen braucht, um etwas zu erreichen. Das erzeugt einen enormen Druck und schränkt die eigene Perspektive enorm ein. Man sieht gar nicht mehr, was dort noch alles um einen herum entsteht. Man ist nicht mehr empfänglich für die Zärtlichkeiten des Lebens. Die einfachen, tief berührenden Momente und Chancen, wenn wir immer wollen, wollen, wollen:

- *"Ich will unbedingt diesen Job."*
- *"Ich will unbedingt gewinnen."*
- *"Ich will unbedingt dies oder das erleben."*

Weniger oder gar nichts zu wollen ist hingegen sehr mächtig und öffnet dich für viele wunderbare Dinge, die ganz ohne Druck in dein Leben kommen:

"Ich freue mich und bin dankbar, falls ich diesen Job bekomme. Und wenn nicht, dann finde ich etwas anderes." - oder besser noch: "Ich freue mich auf dieses Vorstellungsgespräch und bin total aufgeregt!" Ergebnis egal.
"Ich bin dankbar, wenn ich erfolgreich bin. Und wenn nicht, dann lerne ich Bescheidenheit, werde weicher und noch wertschätzender für alles, was ich bereits habe. Vielleicht krieg ich ja morgen noch mal eine Chance."

Nichts wollen ist sogar wertvoll bei Dingen, die wir meist als uneingeschränkt positiv bewerten. "Ich will einen tollen Urlaub." Nicht die Freiheit, alles zu tun und zu erleben, was man gerade will, ist befreiend, sondern Hingabe und Loslassen.

> Probier mal, weniger zu wollen, zum Beispiel als Übung zwischendurch, eine Minute lang, ein- oder zweimal am Tag.

Aufgaben umbenennen

Worte sind mächtig:

> Ersetze das Wort "Aufgabe" durch das Wort "Gelegenheit".

Du hast dir vorgenommen, heute nur Obst und Gemüse zu essen? Eine schwierige Aufgabe, die viel Disziplin erfordert. Oder eine tolle Gelegenheit, etwas für deine Gesundheit zu tun und an deiner Disziplin zu arbeiten.

Du hast dir vorgenommen, heute deine Einkommensteuererklärung zu machen? Eine unangenehme Aufgabe. Oder eine Gelegenheit, das vom Tisch zu bekommen und Ordnung zu schaffen. Danach wird es dir deutlich besser gehen!

Du hast dir vorgenommen, heute mit deinem Freund über das schwierige Thema zu sprechen, das eure Beziehung schon seit Tagen belastet? Eine Aufgabe, die dir Angst macht. Oder eine Gelegenheit, eure Beziehung zu verbessern und dich zu entlasten.

Die Gelegenheit nimmt dir die düstere Dimension des

Scheiterns, die eine Aufgabe mit sich bringt. Lass das Scheitern ruhig weg. Dieses menschen- und lebensfeindliche Konzept brauchst du nicht weiter kultivieren. Lass es los.

Ryan Holiday empfiehlt, "To-do-Listen" umzubenennen in "Gelegenheits-Listen".

Denn jede Aufgabe ist eine Chance.

Mach dir deine Möglichkeiten bewusst

Wenn ich Psychotherapeut wäre, dann würde ich meinem Gegenüber seine Möglichkeiten aufzeigen.

Unsere Möglichkeiten sind unglaublich.

Ist dein Körper auch gefangen: Dein Herz und dein Geist sind frei! Frei zu lieben, frei zu lächeln, frei zu grüßen oder sich die Frage nach dem Ursprung des wunderbaren Daseins zu stellen. Du kannst sogar nach spiritueller Erleuchtung streben.

Sich die eigenen Möglichkeiten klarzumachen, ist sehr

befreiend. Aber oft sehen wir unsere Möglichkeiten nicht. Wir denken, dass es nur einen Weg für uns gibt.

Nach dem Abitur dachte ich, dass ich in einer Ellbogengesellschaft lebe.
Einer meiner Lehrer hat mir diese Geschichte so überzeugend erzählt, dass ich sie ihm abgekauft habe. Ich dachte, dass es immer und überall um Leistung geht, und so habe ich auch gelebt. Puh, war das anstrengend.

Erst etwa mit 30 Jahren habe ich erfahren, dass die Geschichte meines Lehrers eine Geschichte unter vielen ist, die man sich erzählen kann. Es gibt auch andere Geschichten und Lebensentwürfe. Ich habe ein Kloster besucht, da ging es nicht um Leistung, sondern um Gott und die Gemeinschaft. Ich habe zwei Wochen bei einem Einsiedler im Wald gelebt. Ohne Strom und warmes Wasser. Da ging es nicht um Leistung, sondern um das einfache Leben und den Kontakt zur Natur und ihrer Lebenskraft.

Es gibt so viele Möglichkeiten zu leben.

Du hast viele Möglichkeiten. Viel mehr, als du spontan glaubst.

Wenn du gerade das Gefühl hast, in einer Problemlage festzustecken, dann nimm ein Blatt Papier und denk darüber nach, welche Möglichkeiten du hast, um deine Situation zu verändern. Schreibe alles auf und hol dir auch Rat bei deinen Freunden!

Du wirst überrascht sein, wie viele Möglichkeiten sich dir bieten.

Positive Wir-Fragen

Vielleicht kennst du Affirmationen. Das sind positiv formulierte Aussagen, die man wiederholt, um ein bestimmtes Ziel zu erreichen.

- *"Jede Zelle meines Körpers ist glücklich."*
- *"Ich bin immer und überall sicher und gelassen."*
- *"Ich liebe das Leben und das Leben liebt mich."*

Dann hat mir jemand das kleine Büchlein "Frag dich glücklich" empfohlen. Darin geht es darum, Affirmationen als Warum-Fragen zu formulieren. Die Autoren nennen das Power-Fragen, andere nennen sie "Afformationen", weil sie das Unterbewusstsein formen. Die Idee hinter den Fragen ist folgende: Wenn wir Fragen formulieren, dann begibt sich das Unterbewusstsein automatisch auf die Suche nach Antworten. Bei Sätzen kann sich ein Widerstand in uns aufbauen, wir glauben den Satz nicht so richtig ... Fragen dagegen lassen keinen Widerstand zu, sie sind offen und lösungsorientiert.

- *"Warum bin ich so reich und glücklich?"*
- *"Warum sind meine Potenziale unbegrenzt?"*
- *"Warum bin ich so fröhlich?"*

Den Stoikern wären diese Affirmationen zu selbstbezogen gewesen, egal ob als Satz oder als Frage formuliert. Ihnen war das WIR, die Gemeinschaft wichtig.

"Was in dem einzelnen Organismus die Glieder des Leibes, das sind in dem Gesamtorganismus die einzelnen vernunftbegabten Wesen. Auch sie sind zum Zusammenwirken geschaffen."

(Marc Aurel, Selbstbetrachtungen 7.13, übersetzt von F. C. Schneider)

Wir können die Fragen statt mit ICH mit WIR formulieren, damit beziehen wir andere mit ein und ich finde, das fühlt sich gut, stimmig und größer an:

- "Warum leben wir alle in Glück und Fülle zusammen?"
- "Warum sind wir Wesen mit unbegrenzten Potenzialen und unterstützen uns dabei, unsere Potenziale zu entfalten?"
- "Warum verdienen wir alle Vertrauen?"

> Probier es doch mal aus und formuliere
> Affirmationen als WIR-Fragen!

Führe ein Dankbarkeits-Tagebuch

Ich habe zu Weihnachten ein Dankbarkeitstagebuch geschenkt bekommen und ich schreibe jeden Abend ein paar Dinge hinein, für die ich heute dankbar bin. Manchmal, dass ich an jemanden denken konnte, weil ich gern an diesen Jemand denke. Oder eine Begegnung, die mir irgendwie Hoffnung gemacht hat. Oder an die Schönheit eines Menschen, den ich kenne. Manchmal sind es vergangene

Glücksmomente, für die ich plötzlich dankbar bin. Ich koste es aus und ich fühle mich jedes Mal nach diesem kleinen Tagebuch-Ritual berührt und beschenkt.

Manchmal frage ich auch meine Kinder vor dem Schlafengehen, was heute besonders schön war und wofür sie dankbar sind.

Dankbarkeit ist ultimativ. Es ist Angekommensein, Paradies, es ist Vollkommenheit, einfach weil du für einen Moment spürst, dass du etwas Wertvolles erlebst.

Nicht umsonst sagen viele Gurus, Dankbarkeit ist die höchste Form des Gebets. Es ist die ultimative Affirmation von Fülle, von Wunder, von Glück, von Reichtum!

Vielleicht kannst du erst mal mit ganz feinen Nuancen von Dankbarkeit beginnen und trainieren. Übung macht den Meister und es wird auch Schwankungen geben in deiner Fähigkeit, dankbar zu sein. Das ist kein Problem. Bleib einfach am Ball. Übe dich in Dankbarkeit. Bleib authentisch dankbar nur da, wo du es wirklich kannst. So entfaltet die Dankbarkeit ihre größte Kraft. Sei das Gefühl auch noch so zart. Begib dich auf die Suche nach echter Dankbarkeit - keiner Pseudodankbarkeit.

Nach einem Jahr wirst du dich deutlich reicher fühlen,

deutlich glücklicher und viel mehr in Kontakt mit der wohlwollenden Lebensquelle, die dich mit bedeutenden und bewegenden Schicksals-Augenblicken beschenkt. Und du wirst dich selber besser kennen und lieben, was deine Liebesfähigkeit und dein Glücksempfinden insgesamt stärkt.

> Sag einmal am Tag Danke für mindestens drei Sachen. Wenn du willst, auch zweimal am Tag, aber mache es jeden Tag!

"Danke doch lieber für das, was du bekommen hast; auf das andere warte und freue dich, dass du noch nicht alles hast."

(Seneca, Vom Zorn, III, 31, übersetzt von Otto Apelt)

Amor Fati
- liebe dein Schicksal

Das ist eine spannende Übung: Wenn etwas passiert, das dir nicht gefällt, dann akzeptiere es nicht nur, sondern liebe es.

Probier es mal aus, was hast du zu verlieren?

Statt zu jammern, versuch dein Schicksal willkommen zu heißen. Sag JA! zu ihm. Liebe es. Es ist dein Schicksal. Es zu lieben bedeutet dein Leben zu lieben. Du wirst womöglich Angst bekommen, etwas zu verlieren, das du vom Leben unbedingt haben wolltest. Aber probier es doch einfach mal aus, geh da durch. Liebe dein Schicksal, egal wie es gerade aussieht.
Es wird sich lohnen!

"Wir lieben nicht, was schön ist,
sondern es ist schön, was wir lieben."

Vielleicht hast du die Erfahrung schon mal gemacht, dass ein Mensch, zu dem du Liebesgefühle entwickelt hast, schöner wurde.

Die Liebe macht alles schöner und sie kann auch dein ganzes Leben und Schicksal in seiner Schönheit offenbaren.

Genau genommen ist es der gleiche Mensch und das gleiche Schicksal. Es wurde nicht schöner, es war schon immer so schön, du hast es nur nicht sehen können, solange du es nicht geliebt hast.

Amor Fati ist die Freiheit. Du gibst den Kampf auf mit dem, was stärker ist als du: dem Leben selbst. Du wirst zum Liebhaber des Schicksals und wirst dich frei fühlen. Frei zu lieben und die Schönheit in allem zu sehen, was dir widerfährt. Und wenn dein Leben voller geliebter Schicksale ist, dann wirst du voller Kraft sein, denn das geliebte Leben wird dich stärken und verzaubern.

> Liebe dein Schicksal und überlege dir, warum du es dir nicht besser hättest wünschen können!

Alles andere ist eine Sackgasse. Trotz gegenüber dem Leben, Flucht vor Gefühlen oder unbequemen Tatsachen oder ständiges Gejammer darüber, was passiert ist oder eben nicht. Sie steigern das Unglück nur ins Unermessliche und lähmen dich.

Du musst eventuell einige enge Vorstellungen überwinden, zum Beispiel dass Schmerzen etwas Schlechtes sind.

Liebe deine seelischen Schmerzen, sie können dich verwandeln und tief berühren. Sie können dich demütig machen und Demut macht so glücklich und so frei, und sie erfüllt dich sogar noch mit einer Ahnung von etwas Größerem. All das lehrt dich das Schicksal und mehr. Liebe es!

Mein Lieblingszitat habe ich mir bis zum Schluss aufgehoben:

"Verlange nicht, dass das, was geschieht, so geschieht, wie du es wünschst, sondern wünsche, dass es so geschieht, wie es geschieht, und dein Leben wird heiter dahinströmen."

(Epiktet, Handbüchlein der Moral, 8, übersetzt von Kurt Steinmann)

Anhang

Berühmte Stoiker, die ich im Buch zitiere

Zenon von Kition

(333/332 bis 262/261 v. Chr.)

Der Begründer des Stoizismus

Zenon wurde im Jahre 333/332 v. Chr. als Sohn eines wohlhabenden Kaufmanns in Kition, einer kleinen Insel auf Zypern, geboren. Als sein Schiff um das Jahr 313 v. Chr. vor Attika unterging, erlitt er unfassbare materielle Verluste und machte sich auf den Weg nach Athen, wo er die Philosophie entdeckte.

Nach dem Studium verschiedener philosophischer Strömungen begann er schließlich selbst in der Stoa poikilē (= "bunte Säulenhalle"), dem athenischen Marktplatz, eigene Schüler zu unterrichten. Hier beginnt die Geschichte der Stoiker und hier entsteht auch ihr Name: Die Stoiker aus der Stoa. Die Philosophen aus der Säulenhalle.

Zenon lehrte bereits die beiden wichtigsten Grundpfeiler stoischen Gedankenguts:

1. Ein Mensch ist berufen, tugendhaft zu leben.
2. Der beste Umgang mit der Unberechenbarkeit und den Schwierigkeiten des Lebens liegt in der Kultivierung leidenschaftsloser Gelassenheit. Der Mensch soll seine triebhaften Impulse und Begierden überwinden und durch ihre Abwesenheit innere Ruhe und Weisheit erlangen.

Zenon von Kition genoss bald hohe Anerkennung, weswegen er und seine Schüler auch den Namen dieser neuen philosophischen Strömung prägen konnten. Ein Name und Geist, der mehrere Jahrhunderte weiterbestehen sollte und heute zum Beispiel hier in diesem Buch immer noch weitere Revivals feiert. Einer seiner Anhänger war der König von Makedonien, Antigonos II. Gonatas.

Bei seiner Beerdigung in allen Ehren wurde Zenon unter anderem dafür gelobt, dass er so einen positiven Einfluss auf die moralische Entwicklung der Jugend hatte.

Kleanthes von Assos

(332 bis 232/231 v. Chr.)

Kleanthes wurde ca. 331 v. Chr. in Assos (heute Türkei) geboren. Er war ein Schüler von Zenon und übernahm nach dessen Tod die Leitung der stoischen Schule der Philosophie. Ursprünglich war er Faustkämpfer und arbeitete zeitlebens schwere körperliche Arbeiten - auch abends nach dem philosophischen Unterricht in der Stoa. Er war ein tüchtiger Mann mit einem starken Willen.

Kleanthes war ein langsamer, aber beharrlicher Lerner. Einmal nannte ihn jemand einen "Esel". Kleanthes war ganz locker und soll einfach geantwortet haben, dass das vielleicht gar nicht so schlecht sei, da er so Zenons schwere Gedankenlast tragen könne. Zenon verglich ihn mit einer harten Schreibtafel, die eine Schrift nicht leicht aufnimmt, aber umso besser bewahrt.

Auch als Lehrer zeigte sich seine Beharrlichkeit und Treue, denn er hielt in allen Hauptpunkten an der Lehre Zenons fest. Wie auch sein Lehrer lebte Kleanthes, was er lehrte, selbst vor, was ihn und seinen Unterricht sehr glaubwürdig machte. Kleanthes leitete die Schule nach Zenons Tod über drei Jahrzehnte, bis er in hohem Alter starb. Er soll eine Krankheit als Wink des Schicksals gedeutet und daraufhin aufgehört haben, Nahrung zu sich zu nehmen. So schied er stoisch aus dem Leben.

Kleanthes gab der Stoa durch seine Gefühlstiefe und persönliche Frömmigkeit eine eigene Note. Er gilt aufgrund seiner tiefen Ehrfurcht vor Göttern und der göttlichen Weltenseele als Begründer der stoischen Theologie.

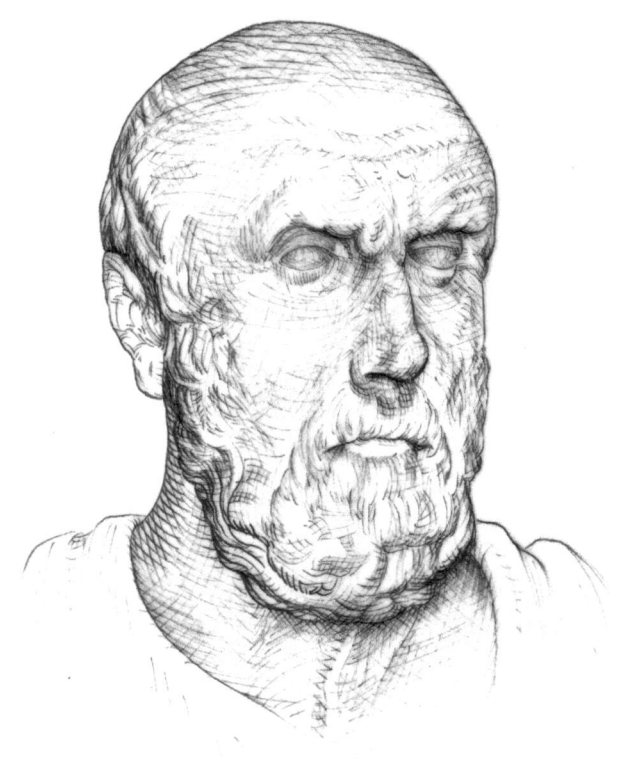

Chrysippos von Soloi

(276 bis 204 v. Chr.)

Chrysippos gilt als der zweite Begründer des Stoizismus, da er ihn umfangreich systematisierte und gedanklich weiterentwickelte. In seinen Überlegungen zur Logik schuf er bis heute gültige Maßstäbe und Herangehensweisen an philosophische Gedankengänge.

Chrysippos war Kleanthes' Nachfolger als Leiter der Stoa. Er schrieb täglich und hielt seine Lehre und Erkenntnisse in 705 Buchrollen fest, die generationenlang als maßgeblich galten. Er war auch der Erste, der das Ideal des stoischen Weisen beschrieb, der frei von seinen Affekten (zum Beispiel Angst, Hass, Liebe, Lust) im Einklang mit natürlichen Gesetzmäßigkeiten lebt.

Der Legende nach starb Chrysippos im Alter von 73 Jahren an "Tod durch Lachen".

Viele seiner Nachfolger behaupten, dass der Fortbestand der Stoa allein sein Verdienst sei, weil sie ohne seine Systematik und Dialektik nicht überdauert hätte.

Seine berühmtesten Schüler waren Diogenes von Babylon und Zenon von Tarsos, die später die Stoa leiteten.

Lucius Annaeus Seneca

Seneca hatte schon seit seiner Kindheit gesundheitliche Schwierigkeiten, Asthma-Anfälle und Fieberschübe, weswegen er mit dem Gedanken des Selbstmordes spielte. Vielleicht ist es diese Schicksalsschwere, die ihn besonders für die stoische Lehre begeisterte, die er im Laufe seines Lebens streng verfolgte.

Seneca ist ein besonderer Stoiker, da er neben seiner tiefgründigen Philosophie und Redekunst auch zu großer Macht im römischen Reich und zu großem finanziellen Reichtum gelangte. Er regierte zusammen mit Afranius Burrus den Senat und das römische Reich für den minderjährigen Kaiser Nero. In seinem Reichtum und seiner Macht scheidet er die Geister, die ihn später interpretieren, war doch die Bescheidenheit und Einfachheit immer eine zentrale Säule der stoischen Philosophie. Einige sehen in ihm den guten Weisen, der die Chance ergreift, Machthaber positiv zu prägen und regulierend auf den Staatsapparat einzuwirken. Andere werfen ihm Machtgier und Scheinheiligkeit vor. Fakt ist, dass die ersten fünf Jahre der Herrschaft Neros, die stark unter seinem Einfluss stattfanden, als das "glückliche Jahrfünft" in die Geschichte eingingen.

Leider entartete der narzisstische, hemmungslose und brutale Charakter Neros im Alter zunehmends. Nachdem sich Seneca aus der Politik zurückzog, formulierte er in seinem Werk "de benificiis" sogar kritische Worte gegen den Kaiser, welcher ihm schließlich die Selbsttötung befahl, weil er deswegen dachte, dass Seneca an einer Verschwörung gegen ihn teilgehabt hätte. Seneca folgte dem Befehl und schnitt sich in Anwesenheit seiner Freunde am 12. April 65 n. Chr. die Pulsadern auf. Wie viele Zitate belegen, war er durch seine stoische Disziplin und Ausbildung gut auf das Sterben vorbereitet.

Neben über 100 Briefen mit bedeutenden philosophischen und ethischen Themen schrieb er einige philosophische Werke, zum Beispiel "Über die Milde" an den jungen Herrscher Nero, die lange Zeit prägend und noch heute interessant sind.

Aufgrund des Rates eines Lehrers ernährte sich Seneca mindestens zeitweise rein vegetarisch.

Gaius Musonius Rufus

(30 bis 80 n. Chr.)

Musonius kam aus Mittelitalien und war ein bedeutender Lehrer der späten Stoa. Unter der Herrschaft Kaiser Neros erlangte er großen Ruhm als Redner stoischen Gedankenguts. Als der misstrauische Kaiser ihn im Jahr 65/66 auf die vegetationsarme Insel Gyaros verbannte, wurde er auch dort viel besucht, weil Menschen aus allen Regionen seine Weisheit hören wollten. Außerdem entdeckte er eine Quelle, wodurch er sich um die Insel sehr verdient gemacht hat.

Musonius hinterließ keine Schriften, übte aber dennoch viel Einfluss auf seine Zuhörer aus und in den Notizen einiger Schüler sind der Nachwelt Auszüge aus seiner Lehre erhalten geblieben.

Er wurde in der gesamten Antike sehr geachtet und beeinflusste teilweise sogar christliche Autoren. Er war ein hochgeschätzter Mann und wurde im Gegensatz zu den meisten stoischen Philosophen nicht von Kaiser Vespasian verbannt.

Seine Vorträge und sein Interesse galten ausschließlich ethischen Fragen. Musonius war davon überzeugt, dass alle Tugenden im Menschen angelegt seien und jeder es schaffen könne, ein tugendhafter Mensch zu werden. Eine dieser Tugenden war für ihn die Menschenliebe. Wer zum Guten strebt, sich diszipliniert und seine Pflicht erfüllt, tut nicht nur das Richtige, sondern wird laut Musonius dadurch auch noch glücklich.

Epiktet (50 bis ca. 138 n. Chr.)

Epiktet kam als Sklave nach Rom, nahm aber dennoch Unterricht in Philosophie bei Musonius Rufus. Einer als glaubwürdig geltenden Legende nach belehrte er seinen Herrn oft über philosophische Ideen, zum Beispiel dass Macht kein Zeichen von Stärke sei und die Götter auch die Sklaven lieben. Irgendwann hat sein genervter Herr ihm schließlich gedroht, sein Bein zu brechen, das er in ein Rad geklemmt hatte.

"Was passiert, wenn ich das Rad drehe?", fragte ihn sein Herr, worauf Epiktet in stoischer Gelassenheit geantwortet haben soll: "Mein Bein wird brechen." Der Sklavenhalter war so erbost über diese Unverfrorenheit, dass er das Rad drehte und das Bein brach. Epiktet soll daraufhin gesagt haben: "Siehst du? Ich habe es doch gesagt." Er bewies, woran er zutiefst glaubte: Keine äußere Macht kann gegen die innere Stärke des Philosophen bestehen. In dieser Situation stellte Epiktet seine Überzeugung in stoischer Entschlossenheit unter Beweis.

Ein wesentlicher Aspekt der Lehre des tief religiösen Charakters war die Unterscheidung zwischen dem, was im eigenen Machtbereich liegt, und dem, was außerhalb unserer Selbst und damit nicht in unserem eigenen Machtbereich liegt. Sogar der eigene Körper gehörte für Epiktet zu einem Phänomen außerhalb seines Machtbereichs. Ein Beweis lag für ihn beispielsweise in der ungewollten morgendlichen Erektion, die ihn hin und wieder heimsuchte.

Wann Epiktet aus seiner Leibeigenschaft entlassen wurde, ist unklar. Er lebte jedoch in großer Armut (ohne dies zu bedauern) und Einfachheit. Als Lehrer einer eigens gegründeten Schule im Exil (auch er wurde aus Rom verbannt) führte er viele Schüler der Philosophie in seine Lehre über das sittliche Leben ein.

Marc Aurel (121 bis 180 n. Chr.)

Schon als junger Mann bekam Marc Aurel die Beachtung des Kaisers Hadrian, der ihn aufgrund seiner Wahrheitsliebe und seines positiven Ernstes liebevoll "Verissimus" ("der Wahrhaftigste") nannte und bereits im ungewöhnlich jungen Alter von acht Jahren ins Priesterkollegium der Salier aufnehmen ließ. Seit der von der stoischen Philosophie besessene Marc Aurel zwölf Jahre alt war, schlief er nur noch auf dem harten, unbequemen Boden, wie seine Philosophen-Vorbilder es ihm vorgelebt hatten.

Als er selbst im Jahr 161 zum Kaiser wurde, bestimmte er seinen Adoptivbruder Lucius Verus als Nebenkaiser. Marc Aurel regierte das Reich, während Lucius Verus die zahlreichen Feldzüge leitete, die aufgrund verschiedener Bedrohungen der Reichsgrenzen notwendig waren.

Marc Aurel hatte viele Herausforderungen zu meistern, zum Beispiel die antoninische Pest, eine gigantische Überschwemmung durch den Fluss Tiber, mehrere Einfälle an der Nordgrenze des Reichs und Unruhen in der armenischen Provinz. Sogar der von ihm geförderte Feldherr, den Marc Aurel mit seiner eigenen Tochter verheiratete, versuchte ihn zu stürzen. Marc Aurel wollte ihm vergeben und bedauerte, dass einige seiner Anhänger ihm den Kopf abschlugen und als Geschenk machen wollten. Er wollte den Kopf nicht sehen. Marc Aurel war ein echter Ehrenmann, der seinen hohen moralischen Selbstansprüchen zutiefst verpflichtet war.

In Marc Aurels Selbstbetrachtungen finden sich zeitlose Weisheiten und die Texte gelten bis heute als die zur Vollendung gereifte Frucht stoischer Gedanken und Ideale.

DANKE

Franziska Lorenz *(franziska-tattoo.de)*
Danke für deine großartigen Zeichnungen.

Judith Pulg *(judithpulg.de)*
Danke für die tolle Fotosession.

Wanja Riemann *(wanjariemann.de)*
Danke für die wundervolle Gestaltung des Buches.

Daniel Tietz
Danke für deine inspirierende Begleitung.

Bianca Weirauch *(lektorat-weirauch.de)*
Danke für dein gutes Auge.

Auf meiner Website

stoisch-bleiben.de

findest du mehr stoische Kraftquellen und Produkte, die den Stoizismus in deinen Alltag bringen.

Bücher:

stoisch-bleiben.de/buecher

Produkte:

stoisch-bleiben.de/shop

Mach DAS, um dein Ziel zu erreichen!
Das ist das Motto von Mach DAS - Büchern.

Sie sind hocheffizient,
locker leicht zu lesen und liefern erprobte
und umsetzbare Handlungsimpulse.

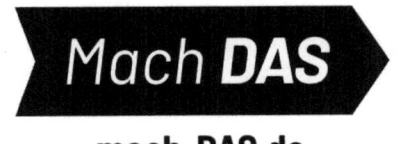

mach-DAS.de

Impressum

© Mach DAS Verlag, Markus Bühler
Aufhauser Str. 17/1
73312 Geislingen

www.mach-DAS.de

Zeichnungen: Franziska Lorenz (franziska-tattoo.de)
Porträtfoto: Judith Pulg (judithpulg.de)
Gestaltung: Wanja Riemann (wanjariemann.de)
Lektorat: Daniel Tietz
Korrektorat: Bianca Weirauch (lektorat-weirauch.de)

Production: BoD - Books on Demand, Norderstedt

ISBN: 978-3-96923-002-2